"Cómo Controlar un Pequeño Negocio"

Por Gupton Brazile

Todos los derechos reservados. Ninguna parte de este libro se puede reproducir, almacenar en sistema alguno de recuperación, o transmitir en ninguna forma, o por ningún medio electrónico, mecánico, fotocopia, grabación o cualquier otro, sin la autorización escrita del editor.

© Gupton Brazile
email: Gupton.brazile@hotmail.com

https://m.facebook.com/GuptonBrazile-492441927596345/
http://bltmexico.com
REGISTRO SAFECREATIVE: 1510225600835

ISBN: 978-1-365-06518-7

Isaías 41:10

"No temas, porque yo estoy contigo; no desmayes, porque yo soy tu Dios que te esfuerzo; siempre te ayudaré, siempre te sustentaré con la diestra de mi justicia".

Reina-Valera 1960 (RVR1960)
Copyright © 1960 by American Bible Society

Agradecimientos

A mi Dios, de quien soy, y a quien sirvo. ¡Para Él sea toda la gloria!

A Dami y Gelo, mis hijos que viven en mi mente y mi corazón. Todo el tiempo están conmigo.

CONTENIDO

Agradecimientos **5**

Introducción **9**

Capítulo 1 Control **11**

Capítulo 2 Misión y Visión **17**

Capítulo 3 Plan de trabajo **31**

Capítulo 4 Estrategia **39**

Capítulo 5 Calidad = Saber lo que quiere el Cliente **51**

Capítulo 6 Calidad = Procedimientos para Estandarizar los Servicios **59**

Capítulo 7 KPI's -Indicadores Clave de Rendimiento **67**

Bibliografía **77**

Introducción

Todos los que alguna vez hemos tenido un negocio propio, nos hemos preguntado alguna vez, si podremos manejarlo de tal manera que tenga una permanencia en el mercado, sea éste de la índole que sea: venta de computadoras, servicios, ropa, comida o cualquier otro que usted pueda imaginar.

El negocio ideal, para los que quieren hacer dinero (¿y no es ése uno de los objetivos principales de cualquier negocio?), es aquel que una vez que se echa a andar, marcha por sí solo mientras podemos dedicarnos tranquilamente a abrir un segundo o tercer negocio, y que el primero se mantenga con un mínimo de supervisión, mientras acumulamos las ganancias generadas por ese negocio y nos enfocamos en echar a andar los siguientes.

Esto se dice muy fácil, sin embargo, para lograrlo, es necesario tener en la mente ciertas ideas, indicadores, y por qué no, algo de la experiencia que algún otro nos pueda decir para no caer en trampas o errores.

Pensando en esta idea, es que comienzo a escribir esta pequeña guía, y sus ejemplos. Tal vez no sea una fórmula secreta para el éxito, pero puede ayudarle bastante a que la operación de su negocio se estandarice, y que sea más fácil controlar la pequeña empresa que está pensando en abrir.

Dicho esto, comenzaré a relatar los pasos que considero importantes para que pueda usted tener un mejor control de su negocio, y una idea más clara de hacia dónde está yendo con él creando una estrategia basada en la información que usted tenga a la mano. Espero que lo disfrute, de la misma manera en que yo voy a disfrutar narrándole estos pasos. Bienvenido a la Estrategia de: Cómo controlar un pequeño negocio.

Gupton Brazile

Capítulo 1
Control

Antes de que comencemos a hablar respecto a cómo controlar un pequeño negocio, que es el título y objetivo de este libro, debemos arrancar definiendo lo que entendemos por control.

La palabra control proviene del término francés contrôle y significa comprobación, inspección, fiscalización o intervención. También puede hacer referencia al dominio, mando y preponderancia, o a la regulación sobre un sistema.

El control, por otra parte, es la oficina, el despacho o la dependencia donde se controla. Por eso puede hablarse de puesto de control.

Al dispositivo que permite regular a distancia el funcionamiento de un aparato, se lo conoce como control remoto (o mando a distancia). Este tipo de dispositivos posibilita el manejo del televisor o del reproductor de DVD, por ejemplo.

La torre de control, por otro lado, es un edificio en forma de torre desde donde se controla el tráfico de un aeropuerto o de un puerto. La sala de control se sitúa en su parte superior, ya que la ubicación y la altura de la torre son esenciales para la visualización de la zona que se pretende controlar.

Otro tipo de control es el control de la natalidad, formado por los mecanismos de limitación del número de nacimientos.

En cuanto al control de tracción, se trata de un sistema de seguridad automovilística diseñado para prevenir la pérdida de adherencia del vehículo, que puede suceder cuando el conductor acelera en exceso o cuando realiza un cambio violento en la dirección.

Ya desde un punto de vista más enfocado a los negocios, el control [1] es una de las principales actividades administrativas dentro de las organizaciones.

El control es el proceso de verificar el desempeño de distintas áreas o funciones de una organización. Usualmente implica una comparación entre un rendimiento esperado y un rendimiento observado, para verificar si se están cumpliendo los objetivos de forma eficiente y eficaz y tomar acciones correctivas cuando sea necesario.

La función de control se relaciona con la función de planificación, porque el control busca que el desempeño se ajuste a los planes. El proceso administrativo, desde el punto de vista tradicional, es un proceso circular que se retroalimenta. Es por esto que en la gestión, el control permite tomar medidas correctivas.

Dicho todo esto, lo que queremos lograr al ir avanzando en este libro, es que uno pueda medir el desempeño de un negocio, revisar si es el desempeño que se esperaba en un inicio (compararlo contra nuestras metas y objetivos), y poder tomar decisiones para ajustar a tiempo lo que sea necesario para alcanzar dichas metas.

Puesto en palabras llanas: si yo dentro de mis metas del mes de mi negocio tengo como objetivo vender mil cajas de cerveza, voy a la mitad del mes, y llevo menos de 500 cajas, digamos 400, quiere decir que voy un 20% abajo del objetivo que quiero alcanzar, y ahora debo buscar cuál es la situación que ha ocasionado que no llegue yo a mi meta. Posibles respuestas podrían ser: mis vehículos de reparto han estado descompuestos y por ese motivo no pude surtir el 20% del producto porque no tuve con qué llevarlos a tiempo a mis clientes. El vendedor estuvo enfermo 3 días y no tuve con quien sustituirlo y por eso perdí esa venta. Cerraron sus negocios el 20% de mis clientes. La competencia me quitó al 20% de mis clientes, etcétera.

Como podrá observarse, para cada una de las situaciones que menciono arriba la acción para corregir la situación es diferente. En el caso de los vehículos, debo implementar un plan de mantenimiento preventivo para que no me vuelva a suceder y tener una operación más homogénea. En el caso de enfermedad de un empleado, debo tener un plan en el que otros empleados cubran la ruta del que faltó, o tener un supervisor, o yo mismo si mi negocio es muy pequeño, tomar las actividades de reparto de ese vendedor para que la venta no caiga. O tener un plan más agresivo para que mi competencia no haga merma de mis clientes instalados, o pueden ser causas externas a mi negocio en las que no pueda yo tener el control, como una recesión económica que obligó a mis clientes a cerrar, afectándome como consecuencia, pero el conocer la causa y tener un plan de trabajo, ayudarán a saber si es algo que está en mis manos superar y tal vez evitar la frustración de esa pérdida al saber que no es algo que me atañe con respecto a mi manera de manejar mi negocio.

Pero, si por el contrario, la causa de la afectación está en mis manos corregirla, no estar ciego al problema y poder poner manos a la obra para que mis metas se cumplan.

Como ve, querido lector, es importante tener el control de su negocio. Y para hacerlo, hay que poder medirlo. Continuemos en los siguientes capítulos y veremos la forma de hacer esto.

Capítulo 2
Misión y Visión

Dice un dicho popular, que si no sabes hacia dónde vas, ya llegaste. Pues algo así es muy similar en los negocios. Una de las tareas principales, que muchas veces se menosprecia y no se le dedica el más mínimo tiempo o detalle, es redactar qué queremos hacer con el mismo y a dónde queremos llegar. Para poder poner esto en una frase, es para lo que debemos crear una Visión y una Misión de nuestro negocio.

Cierto, cualquiera podría decir que la Misión es hacer dinero, y mi Visión es volverme rico. Pero, aunque sea válido que mientras deje dinero me puedo dedicar a vender canicas, sin pasión ningún negocio va a lograr ser algo importante y, como el negocio es el medio para hacer dicho dinero, debemos enfocarnos en la manera en que pensamos manejar el mismo.

Para este fin, el primer paso es que le quede claro cuál es el concepto de estos dos términos.

El concepto de misión [2] se refiere a un motivo o una razón de ser por parte de una organización, una empresa o una institución. Este motivo se enfoca en el **presente**, es decir, es la actividad que justifica lo que el grupo o el individuo está haciendo en un momento dado. Por ejemplo: "Su misión en su negocio de salón de fiestas es hacer que los clientes se diviertan al rentar su local". O bien "La misión de la compañía es vender tortas de la mejor calidad y precio".

La misión depende de la actividad que el negocio realice, así como del entorno en el que se encuentra y de los recursos de los que dispone. Si se trata de una empresa, la misión dependerá del tipo de negocio del que se trate, de las necesidades de la población en ese momento dado y la situación del mercado. Por esto, a lo largo de esta pequeña guía, vamos a mencionar bastante la importancia de conocer a su cliente.

Por otro lado, la visión se refiere a una imagen que el negocio plantea a **largo plazo** sobre cómo espera que sea su futuro, una expectativa "ideal" de lo que espera que ocurra. La visión debe ser realista pero puede ser ambiciosa, su función es guiar y motivar al grupo (o al individuo, si es un negocio muy pequeño) para continuar con el trabajo. Por ejemplo: "su visión como salón de fiestas ofrecer los mejores momentos en las fiestas para las familias en su municipio de una manera novedosa y eficiente". O bien: "La visión de la compañía es convertirse en la productora de tortas de mejor calidad del mercado local".

La visión depende de la situación presente, de las posibilidades materiales presentes y futuras tal y como las perciba la organización, de los eventos inesperados que puedan ocurrir y de la propia misión que ya se haya planteado.

Nadie es adivino, sin embargo, el contacto constante con los clientes hacen del dueño de un negocio una persona sensible a los cambios y preferencias y gustos de los mismos, a diferencia de los grandes corporativos, que para tomar una decisión pueden tardar mucho, tienen mucha burocracia, hacen falta muchas juntas para tomar una decisión, o en los que los directores muchas veces no están cerca de los clientes y su estrategia puede ser algo que al cliente no le atraiga. Enfatizo por esto que este libro puede ayudarlo a usted en su pequeño negocio (y ayudarlo a hacerlo crecer) pues intuimos que usted va a estar en contacto directo y muy cercano con sus clientes, dándole una ventaja sobre negocios mayores.

Una vez que se tiene un objetivo determinado, ambos conceptos permiten situarse en el presente (misión) y proyectarse hacia el futuro (visión) desde el plano racional, ya que permite vincular medios y fines, y también desde el emocional, ya que permite inspirar e incentivar a actuar incluso en situaciones desfavorables. Aunado al control, que nos va a permitir medir nuestro avance, comparar contra las metas iniciales, tomar decisiones para corregir, y volver a medir más adelante, siendo esto un ciclo que le dará una visión muy clara de la dirección en la que está yendo su negocio.

La misión y la visión deben formularse conjuntamente, ya que es importante que sean coherentes entre sí, y que prevean las situaciones que pueden ocurrir dentro del plazo propuesto. No debe olvidarse que ambas son parte de una estrategia, y sirven al propósito de realizar un mismo objetivo.

Por ejemplo: si una gran compañía de tecnología de punta planea crecer y expandirse, puede plantearse como Misión el proveer a los clientes de tecnología de punta manteniendo el liderazgo en el área. Esto permite organizar los recursos de la empresa para asegurarse de que se mantenga la calidad de sus productos (a través del control de calidad, de la capacitación y formación de sus empleados, de estudiar la situación del mercado y de las demás empresas, etcétera).

Pero la Visión pensada hacia el futuro debe tener en cuenta que en el área de la tecnología, el desarrollo científico y técnico puede volver obsoletas las tecnologías que la empresa produce en pocos años, por lo que una visión realista y coherente con su misión sería alcanzar el liderazgo en la innovación tecnológica, que le permita no solo seguir siendo una empresa líder, sino adaptarse rápidamente a cualquier cambio que pueda haber en el plano tecnológico.

De acuerdo con estadísticas del INEGI (Instituto Nacional de Estadística y Geografía) en México, solo 11 de cada 100 de los negocios [3] que operan no cierran o terminan antes de llegar a los 5 años de vida en el mercado. Quizás por esto, sería importante, si usted es apasionado de abrir cierto tipo de negocio porque le apasiona, no sé, la venta de motocicletas en su estado natal, abrir un restaurante italiano porque su familia es de allá, o una tienda de aeromodelismo porque usted ama los aviones, averiguar un poco en alguna fuente confiable de datos estadísticos, si ya existen otros negocios de esa índole en el territorio de su interés. Se sorprendería de la cantidad de información que guarda la cámara de comercio de su municipio al respecto si se toma la molestia de ir a preguntar.

Dicho esto, lo primero que debe hacer entonces, es averiguar si el tipo de negocio que usted está deseando abrir, tiene competencia en su territorio, si existen clientes para este tipo de negocio, averiguar cuánto capital han necesitado estos negocios en su localidad para poder operar, o si tiene usted alguna ventaja competitiva en relación a la competencia que ya está establecida en su población.

Para esto, podría usted también podría hacer un recuadro abarcando sus fortalezas y debilidades, así como las fortalezas y debilidades de su competencia, como se muestra en la tabla 1.

FUERZAS INTERNAS	DEBILIDADES INTERNAS
• BUENA IMAGEN EN UNIDADES Y PERSONAL. • SERVICIO ENFOCADO AL CLIENTE. • CONTAMOS CON PORTAFOLIO DE MARCAS MUY COMPLETO Y ASI TENER MAS OPORTUNIDADES DE CRECER.	• NO CONTAMOS CON CAPACITACIÒN AL PERSONAL. • NO CONTAMOS CON MOBILIARIO SUFICIENTE. • NO CONTAMOS CON PUBLICIDAD. • NO CONTAMOS CON ARTICULOS PROMOCIONALES.
OPORTUNIDADES INTERNAS	OPORTUNIDADES EXTERNAS
• ESTA EMPEZANDO A TENER MAS ACEPTACIÓN NUESTROS	• LA COMPETENCIA TIENE UN DESCONTROL EN CUESTION DE

PRODUCTOS EN EL MERCADO. • TIEMPO ANTERIOR ERAMOS LIDERES EN EL MERCADO Y ESA ES UNA GRAN OPORTUNIDAD PARA POSESIONARNOS DEL MERCADO.	INVASIONES DE SUS PRODUCTOS, POR LO CUAL ESTO LO INTRODUCEN A NUESTRO TERRITORIO A MUY BAJO PRECIO. • LA INVASION QUE TENEMOS POR PARTE DE NUESTRAS MISMAS MARCAS.
FUERZAS DE LA COMPETENCIA	**DEBILIDADES DE LA COMPETENCIA**
• PRODUCTO CON DIFERENTES PRECIOS QUE INTRODUCEN OTRAS AGENCIAS • CUENTAN CON SUFICIENTE MOBILIARIO, ANUNCIOS LUMINOSOS, MESAS DE BILLAR Y MUY BUENOS DESCUENTOS.	• MALA IMAGEN DE LAS UNIDADES. • MAL SERVICIO DEL PERSONAL.

Tabla 1. Fortalezas y debilidades.

Una vez que se tengan dichas fortalezas y debilidades, se comienza a trazar la misión y la visión del negocio, para que nos dé una línea de cómo queremos operar, en el presente y en el futuro.

Digamos por ejemplo, que tiene usted un negocio de venta de tortas al público. Su misión, podría ser "Ofrecer tortas de calidad a los clientes" y su visión "Ofrecer las tortas con mejor calidad de la ciudad a un buen precio". Para esto, usted necesita averiguar de alguna manera, qué tipo de ingredientes y la calidad de los mismos de sus competidores, el precio de los mismos, averiguar en dónde se consiguen, hacer una matriz de proveedores y precios para poder encontrar los artículos de mejor precio y calidad, haciendo usted mismo el balance, de manera que no afecte el precio final de su producto de una manera significativa en relación a su competencia. Tenga en cuenta que habrá proveedores que le ofrecerán una calidad magnífica, pero un precio muy alto. Habrá también lo opuesto, proveedores que le darán un gran precio, pero de calidad inferior. También habrá que considerar que si aumenta usted la cantidad de materia prima que solicita a sus proveedores, pueda negociar mejores precios con ellos, pero esto lo tendrá que ir considerando en el futuro, cuando ya tenga ventas y se pueda ir posicionando en el mercado con su producto terminado (o servicio, en caso de ser un servicio lo que ofrece, pero en cualquier caso aplica).

Anexo encontrará la tabla 2, con un ejemplo de esta matriz.

MATERIA PRIMA	PROVEEDOR	PRECIO UNITARIO
PAN BLANCO	WALMART	$2.70
PAN BLANCO	SUPERAMA	$3.50
PAN BLANCO	PANADERIA PANCHO	$1.50
JAMON FUD	WALMART	$70.00
JAMON FUD	GARIS	$62.00
JAMON FUD	SUPER KOMPRAS	$65.00
MAYONESA 2.8 KG	WALMART	$82.00
MAYONESA 2.8 KG	SUPERAMA	$79.00
MAYONESA 2.8 KG	GARIS	$68.00

Tabla 2. Matriz de productos, proveedores y precios.

En el cuadro de arriba, podemos observar por ejemplo, que comprar el pan en la "Panadería Pancho" le sale más barato que ir a "Superama" o a "Walmart". De primer vistazo podría usted considerar la decisión de ir entonces a dicha panadería a surtirse para hacer sus tortas. Pero considere también algunos puntos que pueden ser intangibles o relacionados a su misión. Aclaro: la persona que haga las compras de la materia prima debe saber diferenciar la calidad en la misma, para decidir correctamente sobre dónde y con quién comprar, si el pan es bueno o malo para el negocio, de acuerdo a su misión. Si su misión es dar la torta más barata, sin dar gran importancia a la calidad, pues bueno, asunto resuelto.

Si su misión es dar la mejor calidad, sin importar el precio, el comprador de la materia prima debe tener la habilidad para juzgar este hecho y poder decidir con qué proveedor encuentra el mejor pan, y no necesariamente tiene que ser el más caro (pudiera ser Walmart, por ejemplo) o aún pudiera ser que el más barato que encontró tuviera la calidad adecuada para su misión y meta (es raro, pero puede suceder).

Así que, el hacer las compras para proveer la materia prima para su negocio, es una tarea importante, como todas las otras que se van a realizar, y no se puede dejar al azar o que una persona sin las habilidades adecuadas las haga, pues podría afectar el rendimiento de su negocio al realizar las ventas.

Volviendo al cuadro de la tabla 1, allí deberá hacer énfasis siempre en sus fuerzas internas y en tratar de magnificarlas, desarrollar sus debilidades internas e incluso hacer un plan para ir desarrollando y atacando los puntos que puso en esa tabla. Cito como ejemplo esta nueva tabla, para el caso de un área de desarrollo de software.

Si cuando contraté mi personal para desarrollar software, por alguna razón no hubiera yo conseguido una persona con todas las habilidades necesarias, uno de mis objetivos será capacitar al empleado, ya sea interna o externamente, para que logre tener dichas habilidades y no impacte su desempeño el desempeño del negocio. Si está empezando, y usted como jefe/director de su negocio tiene dichas habilidades, puede comenzar a dar la capacitación de manera interna a sus empleados, ahorrando dinero aunque invierta su tiempo, pero será tiempo bien invertido porque aunque al principio pueda sentir que esta actividad lo distrae de otras cosas que necesita o quiere realizar, a la larga, que su gente sepa lo que usted necesita y quiere, le ahorrará tiempo para las otras actividades, y tiene la ventaja adicional de que usted los moldeará de acuerdo a su propia visión del negocio.

Por otro lado, si cuenta con los recursos para enviarlos a que los capaciten de manera externa, se ahorra su tiempo para enfocarlo en tareas de dirección, estrategia o administración, pero es muy probable que quien capacite a sus empleado no tenga en mente exactamente lo que usted quería que aprendan, pero le van a realizar la mayor parte del trabajo y usted podrá refinarlos en las juntas que tenga con su personal para dirigirlos a los resultados que desee que obtengan. Siempre debe decidir haciendo un balance del costo y beneficio de cualquiera de las opciones que tenga disponible. ¿Le dedica más tiempo usted y se ahorra dinero al no pagar entrenamiento externo, o paga para que le capaciten a su personal? O aún más allá, ¿contrata gente que tenga las habilidades desde el principio al contratarlos? Recuerde que también mientras más capacitado esté su personal, más cara es la nómina. Por el lado contrario, si contrata gente sin tanta experiencia, la nómina es más ligera, pero debe invertir tiempo en capacitar y moldear a la gente a la tarea que quiere que hagan, y con el paso del tiempo, cuando vayan adquiriendo más experiencia y habilidades, tendrá que enfrentar el siguiente reto: o les va aumentando el sueldo conforme a los resultados que vayan obteniendo al paso de los años, o permite que se vayan pues conseguirán empleo en otro lado (tal vez con su competencia) en donde les pagarán mejor que lo que usted está dispuesto a pagarles, y volverá a tener que contratar gente más barata a la que tendrá que invertirle tiempo en capacitación nuevamente para que el nivel de habilidades de la gente que trabaje con usted sea el necesario para que su negocio alcance sus metas. Esto siempre es un ciclo, parte de la vida de un negocio.

Cualquiera que sea su decisión, evalúe el tiempo y dinero que lleva realizar la tarea, y tenga en mente este dicho: "Peor que capacitar a tu personal y que se vaya, es no capacitarlo y que se te quede".

Capítulo 3
Plan de trabajo

Para poder comenzar a trabajar, pero teniendo un orden que le permita saber si no ha olvidado usted hacer algo, y qué avance lleva de las tareas, así como las que tiene pendientes por realizar, es necesario hacer un plan de trabajo. Dicho de una manera sencilla, un plan de trabajo es parecido a la lista que hace antes de ir al súper para comprar su despensa: es una lista de las cosas que necesita comprar y que no quiere que se le olviden, y que va tachando conforme las va metiendo en su carrito.

Aquí la diferencia estriba, en que en vez de una lista de suministros o comestibles, lo que usted tiene que hacer, es pensar en la lista de tareas que tiene que llevar a cabo para lograr una meta de su negocio. Claro está, a lo largo de la vida de su negocio, va a haber metas distintas, y va a haber otras, relacionadas ya a la operación diaria, que se tendrán que repetir por ciclos indefinidamente, pero que usted ya sabe que se tienen que realizar, y que tarde o temprano se volverán parte de la rutina diaria de su trabajo.

Sin embargo, una buena práctica al iniciar, es hacer un plan de trabajo para el arranque de su negocio. Si ya tiene usted un negocio establecido pero nunca hizo un plan de trabajo, quizás lo mejor es que lo comience a hacer, para revisar que no haya omitido alguna tarea que se considere importante.

Alguien dijo alguna vez, que si las cosas no se miden, no se pueden mejorar. Si no hay mejora, no hay control. Así que, en parte, el hacer esta lista de tareas que lo llevarán a realizar las metas de su negocio, sentarán las bases más adelante para medir los tiempos que se tarda en cumplir un objetivo, el capital que se gasta en determinada tarea, y la cantidad de personas que se necesitan para llevarla a cabo, que también nos dará una certeza sobre si los tiempos planeados al inicio estaban bien calculados, o si nos excedimos o nos quedamos muy cortos.

Para tal efecto, vea el cuadro de la tabla 3. Allí podrá ver como cierto proyecto, se descompuso en varias tareas, donde se le dio nombre a un responsable para llevar a cabo una tarea. Ojo aquí, es importante subrayar que aunque una tarea pueda ser realizada por varios integrantes de su equipo, SOLO PUEDE HABER UNA persona responsable de que dicha tarea se lleve a cabo. Esto es, porque con la experiencia adquirida en múltiples proyectos, cuando más de una persona se hace responsable por un trabajo, en realidad nadie se hace responsable del mismo. Siempre es más fácil culpar a la otra parte de que por alguna razón no se comunicaron y no se llevó a cabo dicha tarea, que asumir la culpa de que se le olvidó o no se le dio la importancia adecuada al seguimiento de la ejecución de la misma. Por eso, recomiendo ampliamente que a la hora de designar un responsable a una tarea, solo sea un individuo, no más.

Poniendo todo en orden, para lograr su plan de trabajo, tiene que hacer lo siguiente:

1. Hacer la lista de tareas exhaustiva de todo lo que es necesario hacer, sin dejar ninguna tarea pendiente, para poder llevar a cabo la meta del plan.
2. Asignar los nombres de los responsables para cada tarea del plan, independientemente de si hay un grupo de personas que van a llevar a cabo esa tarea en específico. Recuerde, solo puede haber un responsable por tarea, aunque varias tareas puedan tener al mismo responsable.
3. Calcular el tiempo que se va a llevar en realizar cada tarea, y asignar una fecha límite para su cumplimiento al 100%. Esta es una de las partes más difíciles de la planeación estratégica, pues no es tan simple calcular el tiempo que toma realizar una tarea completamente. Con la práctica, este

punto se irá refinando hasta hacer planes cada vez más confiables y precisos. Además, como puede ver en la tabla 3, se pueden incluir cuadros gráficamente para mostrar el avance real contra el esperado, y saber si parte de su proyecto se está atrasando.
4. Se puede agregar además una columna con el porcentaje de avance, pero solo los gráficos mencionados arriba de esperado contra real podrán dar una idea clara de si el proyecto va a bien o va atrasado.
5. Se puede agregar también, una columna de observaciones, sobre detalles del avance, o condiciones especiales para llevar a cabo esa tarea. La idea de este plan es saber dónde está parado, a dónde quiere llegar, cuánto le falta para terminar, y si el problema es en alguna tarea en particular.

Dicho de otro modo, este plan le debe dar control sobre el tiempo y los recursos del proyecto.

NOTA: aunque en el plan de abajo se menciona como responsable TODOS en varias actividades, para este plan en particular hay un desglose (que no aparece), en el que cada área tiene su propio responsable. Por ejemplo, para la identificación de los objetos de Archiving, existen las áreas de FI-CO (Finanzas y Control), SD (Ventas y Distribución – Sales and Distribution, por sus siglas en inglés), PP (Planeación de la Producción), BASIS (administrador del sistema), MM (Administración de Materiales) y para cada uno de estos módulos existe una sola persona responsable, pero por el tamaño de la celda en Excel en este caso en el plan se puso TODOS para cada módulo involucrado, pero cuando usted haga su plan para mostrarlo a su equipo, debe ser bien explícito indicando qué área y quién es el responsable del cumplimiento de la tarea.

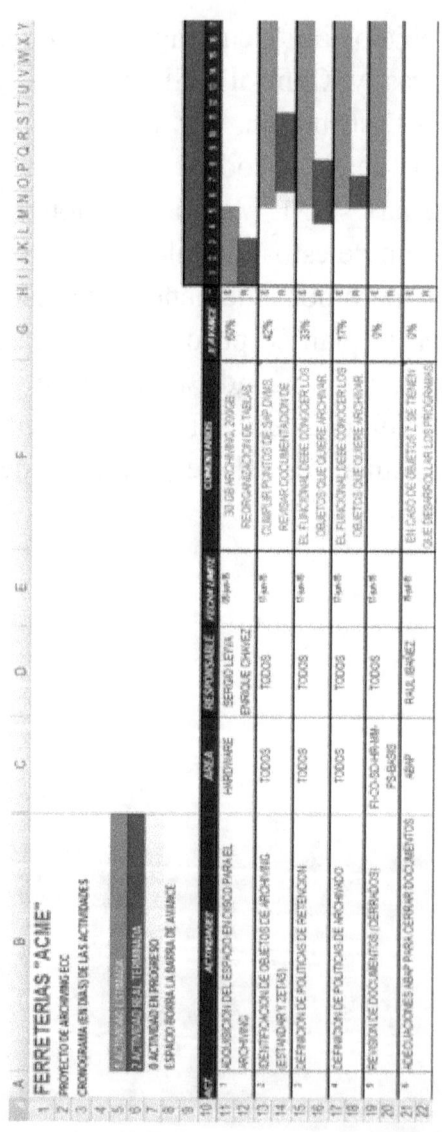

Tabla 3. Ejemplo de Plan de Trabajo

Cada día se debe revisar dicho plan de trabajo, observar si hay alguna tarea en la que ya falten pocos días para la fecha de vencimiento, y en caso afirmativo, dar seguimiento y tomar acciones. Ya sea que le envíe un correo electrónico a la persona que va rezagada, que la vaya a ver para decirle del asunto, le mande un mensaje de texto o utilice cualquier otro medio de comunicación, debe asegurarse que recibe su mensaje. Un buen administrador del negocio debería retroalimentarse de la respuesta del responsable, ver si hay alguna manera de ayudarlo a que logre su meta en la tarea, tratar de facilitarle las cosas, hacer "coacheo" con la persona, o llamarle la atención si fuera el caso.

En cualquiera de las situaciones arriba mencionadas, lo importante es que usted sepa que las tareas se van a realizar, a tiempo, e incluso dentro de presupuesto. Pero esto, lo mencionaremos más adelante. Al final, de lo que se trata es tener el control, y esto significa siempre saber en dónde estamos parados en cuanto a tiempo, dinero y recursos (pueden no ser materiales, pueden ser de conocimiento, permisos, leyes, etcétera).

Al final del libro viene una liga donde podrá descargar varios de estos formatos de ejemplo que le pueden ser útiles para su negocio.

Capítulo 4
Estrategia

Para concluir mejor de los capítulos anteriores, algo que debe hacerse cuando se proyecta poner un negocio que se quiere que sea exitoso, es realizar una estrategia o plan estratégico.

Como hemos venido haciendo, empezaremos por definir primero qué es la estrategia, para después ver cómo aplica en nuestro caso y ver algunos ejemplos que nos puedan guiar para que construyamos nuestra propia estrategia.

La palabra estrategia deriva del latín strategĭa, que a su vez procede de dos términos griegos: stratos ("ejército") y agein ("conductor", "guía"). Por lo tanto, el significado primario de estrategia es el arte de dirigir las operaciones militares.

El concepto también se utiliza para referirse al plan ideado para dirigir un asunto y para designar al conjunto de reglas que aseguran una decisión óptima en cada momento. En otras palabras, una estrategia es el proceso seleccionado a través del cual se prevé alcanzar un cierto estado futuro.

La estrategia militar es una de las dimensiones del arte de la guerra, junto a la táctica (la correcta ejecución de los planes militares y las maniobras en la batalla) y la logística (que asegura la disponibilidad del ejército y su capacidad combativa). La estrategia se encarga del planeamiento y de la dirección de las campañas bélicas. También se ocupa del movimiento y de la disposición estratégica de las fuerzas armadas.

Precisamente uno de los libros más importantes dentro del ámbito de las estrategias militares recibe el nombre de "El arte de la guerra" y fue realizado por un gran estratega chino llamado Sun Tzu. Dicha obra está conformada por un total de trece capítulos donde se abordan cuestiones tan importantes como la estrategia ofensiva, el terreno y sus clases, el ataque de fuego, los puntos fuertes y débiles, la maniobra o la utilización de espías.

De la misma forma tampoco podemos obviar lo que se conoce como estrategia de marketing. Un concepto con el que se vienen a englobar todas aquellas actuaciones que una empresa prevé llevar a cabo en materia de comercialización y comunicación. Para poder determinar aquellas la organización lo que hará será estudiar a fondo el mercado así como otras cuestiones tales como las necesidades de sus clientes o las características que la diferencian respecto a sus competidoras más directas.

Por otra parte, cabe destacar la existencia de juegos de estrategia, entretenimientos donde la victoria es alcanzada gracias al uso de la inteligencia y tras haber desplegado planes y habilidades técnicas para predominar sobre los adversarios.

Precisamente en este sentido, tenemos que destacar que en el ajedrez es habitual que sus jugadores establezcan su estrategia para desarrollar la partida y así conseguir derrotar a su contrincante. En este sentido, se tiene muy en cuenta lo que es el valor que tiene cada una de las piezas del tablero (peones, torres, caballos, alfiles, dama y rey) para así poder determinar qué supone el perder una u otra.

En el ámbito de la docencia también es habitual que se hable de la estrategia educativa para definir a todas las actividades y actuaciones que se organizan con el claro objetivo de poder lograr alcanzar los objetivos que se han marcado.

Por último, podemos nombrar la existencia de los planes estratégicos, un concepto que suele utilizarse en el ámbito empresarial. Un plan estratégico es un documento oficial donde los responsables de una organización o empresa estipulan cuál será la estrategia que seguirán en el mediano plazo. Por lo general, este tipo de planes tienen una vigencia de entre uno y cinco años [4].

Ya enfocándonos en nuestro tema del pequeño negocio (pequeño no lo defino yo, sino que cada quién sabrá qué tan pequeño o grande es su negocio, pero esto aplica igual, si acaso, con mayor nivel de detalle), la estrategia consiste en planear qué acciones, tareas, actividades, responsables, habilidades, etcétera son necesarias para alcanzar la misión y visión de empresa.

Nótese la similitud entre la estrategia militar, que ve el abastecimiento de materiales y recursos logísticos, y el uso de los hombres en ciertas actividades, con los que se utilizan en un negocio. Piense en su negocio como una pequeña "guerra" con sus competidores, en donde el que use los recursos de mejor manera y planee su logística de manera más eficiente, ganará la batalla.

Además, si hacemos referencia al libro "El Arte de la Guerra" de Sun Tzu, el **terreno** es una de las cosas más relevantes a la hora de presentar batalla. ¿Qué quiero decir con esto? Okay, pongamos por ejemplo que usted está pensando en abrir un nuevo negocio de venta de joyas. Por alguna razón, usted cuenta con un local en su zona residencial, donde no tendría que pagar renta y con pocas adecuaciones podría hacer que luciera como una joyería. Esto suena conveniente desde el punto de vista de reducir los gastos operativos de la renta.

Sin embargo, si como planteábamos en el capítulo de Misión y Visión, de que hay que informarse para saber cuáles son nuestras fuerzas y debilidades, y fuimos al INEGI (Instituto Nacional de Estadística, Geografía e Informática) para recopilar datos comerciales sobre otras joyerías (nombro este instituto porque en México es común ir ahí a obtener información relevante sobre la población en México, pero no dudo que en su país también haya alguna institución similar donde pueda recabar esta información, como la cámara de comercio o algo similar), tal vez observemos que hay zonas de la ciudad en donde hay más joyerías que en otras (mayor densidad de competencia). Es obvio que un local en una zona más comercial es más caro, pero nuevamente, hay que sopesar la decisión de qué nos conviene más para instalarnos antes de comenzar nuestro negocio (y si ya lo tiene instalado, ver qué otras estrategias se pueden seguir para mitigar los puntos débiles y aumentar los puntos fuertes).

Dicho de otra forma: quizás poner una joyería en una zona residencial le abarate costos operativos, pero no va a tener una afluencia de clientes muy constante en esa zona si es una zona residencial más que una zona comercial. Tal vez piense que abrir una joyería en una terminal de autobuses o un aeropuerto tendría más tráfico de gente que podría visitar su local, pero si somos honestos, estos lugares normalmente se rigen por las temporadas baja y alta de viaje, como vacaciones, y sus temporadas bajas tienen un tráfico de posibles clientes muy reducido en comparación con la temporada alta. Muchas veces, es mejor ubicar si hay algún centro joyero (por el caso que mencionamos, que es una joyería, no vaya a pensar que si piensa vender tortas debe buscar un centro joyero, para quedar claros), donde haya quizás más competencia, pero que seguro la gente de la ciudad cuando piensa en comprar joyas, piensa en ir primero ahí antes que algún otro lugar aislado. Aquí es cuando tiene que sopesar nuevamente el costo-beneficio de pagar una renta más alta en una zona comercial enfocada a las joyerías (y si tiene el capital para aguantar pagar una renta o compra de local y esperar la amortización hasta que las ventas empiecen a llegar) a cambio del flujo más constante de clientes, o tal vez solo buscar un local más barato cercano a dicha zona, y que sería preferible a tener que estar en una zona residencial en donde tendría que pagar mucho en publicidad y mercadotecnia para atraer clientes a una zona que se sabe que no es la usual para un negocio de su giro. Tendría que ver el punto intermedio, o si puede darse el lujo del primer caso.

Trataré de poner otro ejemplo. Si usted vendiera cerveza, y pensara en abrir un local para su venta, en México es normalmente en las colonias populares donde suelen estar los consumidores más altos de cerveza, en vez de las zonas residenciales de categoría más alta, donde la gente prefiere tomar tequila, coñac o algún otro licor. En un caso así, si usted contara con un local propio en una colonia popular y pudiera conseguir el permiso para la venta de la cerveza, sería una ventaja competitiva contra otros negocios por el hecho de que no pagaría renta. Lo mismo si pudiera conseguir un local en esta zona a un precio muy accesible o ya adecuado para la venta de su producto, sería mejor que un local ubicado en una zona residencial, donde el consumo de cerveza es más bajo.

Otro punto importante es conocer bien su **producto** y el de la **competencia**. Tiene que ser objetivo para evaluar si lo que usted quiere vender tiene características lo suficientemente buenas como para que la gente se decida a comprarlo comparándolo con lo que tiene su competencia, basándose en el costo-beneficio desde el punto de vista del cliente.

Voy a ahondar un poquito en esto. Suponga usted que quiere vender tortas. Ya tiene un local ubicado en un lugar donde hay oficinas y a ciertas horas en las mañanas y las tardes, tiene una afluencia de clientes más o menos constante (siempre, de acuerdo al primer paso de escoger el terreno, es bueno estar cerca de los clientes). Pero hay además de usted otros dos negocios de tortas cerca del lugar. Ellos van a ser su competencia directa, pues si alguna vez una de sus tortas sabe mal, se irían de inmediato a probar las de la competencia. Lo mismo si están mucho más caras que las de sus competidores y la calidad es más o menos la misma. Aquí es donde entra la parte militar de usar espías. En el caso de los negocios, se le llama "estudio de mercado", y puede ser tan simple como enviar a su sobrino a comprar un par de tortas con su competencia y que le avise cuánto le costaron. Una vez con las tortas en cuestión, ver qué clase de pan usan, jamón, mayonesa, aderezos, precio al que las ofrecen, si están calientes, preguntarle a su sobrino (o su empleado, pero si se enteran que un empleado suyo estuvo allí, tal vez genere alguna fricción si son muy celosos del negocio) si fueron amables con él cuando ordenó, si fueron rápidos al servirle, si se la ofrecieron caliente o fría, y cualquier otro dato adicional que pudiera serle de ventaja contra ellos: que el local esté limpio, iluminado, etcétera, y por qué no, probar la torta en cuestión para comparar el sabor contra las que usted hace. Con toda esta información, usted debe ser capaz, usando la matriz de proveedores que se vio en capítulos anteriores, de calcular si su producto es lo suficientemente bueno en calidad-precio, o similar o más caro que el de su competencia, y/o si tiene alguna otra ventaja sobre ellos: que su local tenga mejores instalaciones, como que cuente con servicio de W.C., que esté mejor iluminado, más limpio, tenga personal más atento, mesas y sillas más bonitas, gastos de operación menor, de tal manera, que no tenga que bajar el precio de su producto por abajo del de su competencia y originar una guerra de precios, pero sí que pueda bajar sus costos operativos y pueda tener mejor rendimiento que sus competidores al ofrecer su producto a un precio similar.

Resumiendo la idea: si los tres negocios de la zona venden tortas a $50, pero uno de ellos tiene un costo por torta de $40, el otro de $35 y a usted le cuesta hacer las tortas solo $25, por cada cliente que consuma con ustedes, usted siempre ganará más que la competencia, y esto es un factor para ir minándolos a ellos para que se retiren, pues si entraran en una guerra de precios (no se lo deseo) usted tendría mayor margen de maniobra. Es decir, digamos que uno de sus competidores baja el precio de sus tortas de $50 a $45, obligándolos a ambos a reducir su precio para no perder clientes. Este negocio, pensando en el del margen más pequeño, solo tendría una utilidad de $5, es decir $45 de la torta - $40 de su costo = $5. En cambio, usted tendía $45 torta - $25 = $20. Esta es la importancia de tener buenos proveedores y de tener la matriz de costos de materias primas con diversos proveedores. Conforme pueda ir vendiendo más, y por consiguiente necesitando comprar más materia prima, debe ir gestionando dentro de su plan, como algo constante, mejorar la calidad/precio de la materia prima con sus proveedores. A cambio, comprometerse a comprarles siempre cierta cantidad de materias primas, de manera que todos salgan ganando.

Ahora, si en el ejemplo de arriba, el segundo competidor decidiera sacar del mercado a uno de ustedes (posiblemente piense que los puede sacar a ambos del mercado, pero dependerá de si él también está leyendo este libro o no, je je) tal vez decida bajar el precio de las tortas no a $45, sino a $40 por torta. Esto haría que el competidor con el costo de operación más alto no pudiera resistir la competencia, pues no podría emparejar los precios, tendría que dejar sus tortas a $45 y la gente notaría, por la cercanía de los negocios, que es el que da más caro, o si bajara sus precios a $40, dejaría de tener utilidades, y ningún negocio resiste no tener utilidades. Dejaría de ser negocio.

Claro, usted debe estar siempre bien informado de los precios que da la competencia, pues en caso de que bajen sus precios y usted no lo supiera y siguiera vendiendo sus tortas a $50, vería muy pronto como bajan sus clientes. Pero si está alerta, y baja sus precios como una manera de hacerles frente (hay otras opciones, pero me enfoco en este momento solo en esta de reducir los precios para ejemplificar), el tener la previsión de haber hecho su matriz de proveedores y conocer su punto de equilibrio (el punto de equilibrio consiste en saber cuál es el precio mínimo que debe darle a su producto para que se paguen los gastos operativos más una cierta utilidad) le da la ventaja de poder competir de esta manera. Si quisiera verse agresivo, con este punto de enfoque en mente, usted podría bajar sus precios de venta de las tortas hasta a $35, para sacar a sus dos competidores del mercado, y una vez que cierren sus negocios, volver a los $50 por torta originales. Esto es una guerra. Pero debe estar bien informado de asuntos de esta naturaleza para poder jugar a la misma con su competencia.

Capítulo 5
Calidad = Saber lo que quiere el Cliente

Muchas veces cuando se habla de calidad, la gente piensa en artículos hechos en Alemania o Japón. ¿Pero qué es realmente la calidad? La calidad, de acuerdo a la Wikipedia, se define como: "La calidad es una herramienta básica para una propiedad inherente de cualquier cosa que permite que la misma sea comparada con cualquier otra de su misma especie. La palabra calidad tiene múltiples significados. De forma básica, se refiere al conjunto de propiedades inherentes a un objeto que le confieren capacidad para satisfacer necesidades implícitas o explícitas. Por otro lado, la calidad de un producto o servicio es la percepción que el cliente tiene del mismo, es una fijación mental del consumidor que asume conformidad con dicho producto o servicio y la capacidad del mismo para satisfacer sus necesidades. Por tanto, debe definirse en el contexto que se esté considerando, por ejemplo, la calidad del servicio postal, del servicio dental, del producto, de vida, etc."

Dicho en otras palabras, la calidad son las cualidades de algo, ya sea un objeto producido o un servicio, que le permiten compararse contra otro objeto o servicio del mismo tipo. Es decir, uno no compara la calidad de un caballo contra la calidad de un lápiz hecho en una fábrica. Uno compara manzanas contra manzanas, peras contra peras. Además, uno primero necesita saber qué es lo que quiere el cliente (de qué calidad espera el servicio), para después poder enfocarnos en cómo llegar a esa calidad.

Habiendo entendido esto, nosotros podemos entonces decir que un lápiz producido en una fábrica, mide 12 cm de longitud, tiene un diámetro de 85 mm, y que al ser usado pinta claramente en cualquier papel, además, tiene una goma que borra sin dejar gran rastro de mancha lo que se escribe con él, y que su grafito no se quiebra constantemente al afilarlo. Por otro lado, puede haber otro lápiz de similares características, pero que es de solo 10 cm de longitud, y lo demás igual. Y puede haber un tercer objeto en cuestión de los mismos 12 cm de longitud, características iguales al primer objeto, pero que al afilarlo se le quiebra el grafito lo que hace que se tenga que afilar constantemente para que tenga punta, pues su grafito es muy quebradizo. ¿Cuál tiene la mejor calidad? Basándonos en las características cuantitativas, podríamos decir que el primer lápiz de los tres mencionados arriba es el de la mejor calidad. Pero, al final, la mejor calidad la califica o ratifica el cliente. ¿Cómo es esto?

Pues bien, imaginemos que de los tres lápices de arriba, el primero se vende a $12 pesos, el segundo se vende en $8 pesos y el tercero se vende en $4 pesos. En el primero, cada centímetro del lápiz le viene costando al cliente $1 peso por centímetro. En el segundo caso, le cuesta $0.80 pesos por centímetro, y en el tercer caso $0.33 pesos por centímetro de lápiz. Si nos fuéramos solo por el precio, el tercer lápiz tendría la mejor relación de costo beneficio, pero como tenemos que evaluar también el rendimiento del mismo, basándonos en las características cuantitativas, el segundo lápiz podría ser el elegido, si el cliente lo que quiere es la mejor calidad al mejor precio, ya que al tercero se le quiebra constantemente la punta y su rendimiento no es igual. Pero si, por alguna razón, el cliente es un proveedor de publicidad cuyas metas no abarcan dicho rendimiento, y lo que quiere es regalar los lápices que tengan más espacio para imprimir su publicidad en ellos más que usar los mismos para que sus clientes escriban, el tercer lápiz sería su mejor opción debido al precio y longitud del lápiz, dejando de lado las dos primeras opciones.

Esto nos lleva a la siguiente conclusión: debemos conocer qué es lo que quieren nuestros clientes para poder ofrecerles el servicio que buscan. No lo puedo decir más claro. Si, por ejemplo, usted fuera el cliente, y es un director de escuela en donde entregan material escolar a los alumnos para que puedan realizar sus labores durante el año con la menor inversión pero el mejor rendimiento, y evalúa estos tres artículos, la segunda opción le daría un mejor costo-beneficio. Si usted fuera el dueño de la agencia de publicidad y lo que necesita es un lápiz barato solo para estampar su publicidad, la tercera opción es la mejor, por sus bajos costos. ¿Por qué? Pues porque a usted no le importa si el lápiz soporta escribir bajo el mar o tiene pintura mágica. Simplemente dentro de los estándares de lo que a usted le hace falta, un precio bajo y mayor espacio para publicidad es lo que se le hace más atractivo.

Dicho todo esto, es muy importante para usted, al abrir su negocio de tortas, saber qué tipo de comida rápida está buscando la gente de la zona en donde estableció su negocio. De nada sirve que usted quiera poner tortas estilo gourmet francés, si la gente que va a ser su cliente habitual son obreros que lo que buscan es solo el mejor precio, y si acaso, un poquito de calidad adicional en el sabor, pero no deliciosas tortas que están por encima del presupuesto que tienen o pueden dedicar a gastar en consumir su producto, y cuyos paladares no son los de un catador francés.

Si entendemos esto, usted necesita, una vez arrancado el negocio (ojalá se pudiera hacer antes, pero es difícil tener muestras gratis de sus tortas y regalarlas a sus futuros clientes y después hacerles una encuesta de qué les pareció el sabor, precio, calidad de ingredientes, rapidez en el servicio, etcétera antes de haber abierto su local), tener a la mano un formato en su local en donde pueda recopilar la satisfacción de sus clientes respecto de su producto, y sacar conclusiones sobre la calidad del mismo para evaluar si lo que usted ofrece es efectivamente lo que ellos esperaban obtener. A esto, se le llama obtener feedback o retroalimentación sobre su producto, y conforme lo vaya mejorando (mmmm, puede ser que su calidad sobrepase las expectativas del cliente en calidad pero el precio también sea muy alto, así que mejorar puede ser bajar un poco la calidad o precio de sus ingredientes en alguna medida que no sea tan relevante para su cliente, pero que se adecúe más a lo que el cliente tenía en mente. Tal vez la palabra sería adecuando la calidad de su producto a lo que su cliente espera). Esta manera de evaluar lo que quiere el cliente es algo que se llama Fit Sigma. Puede haber un súper producto que es buenísimo (y también, por lo regular, más caro), y que digamos que tendría una calificación de 10. Y su producto tal vez al compararlo con éste, tenga una calificación de 7. Pero si para el cliente, por diversas razones, el 7 es lo que realmente busca, se ajusta la escala para que ese 7 sea igual al 10, y de allí para abajo se medirían las deficiencias.

Para este efecto, si usted tuviera un negocio de desarrollo de software, podría apoyarse en el formato que aparece a continuación.

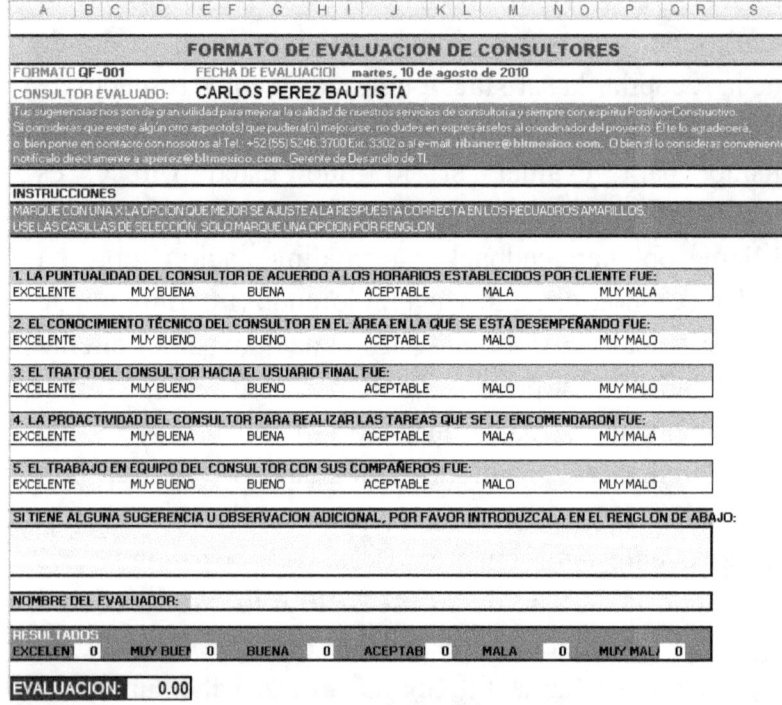

Formato de Evaluación de Calidad del Servicio.

En dicho formato, se evalúan varios puntos referentes a la puntualidad del programador que presta sus servicios con sus clientes, la percepción que tiene el cliente sobre los conocimientos técnicos del programador, su trato con el cliente y su personal, su proactividad, y su manera de trabajar en equipo. Al final se calcula el promedio de dicho programador para dar una evaluación del mismo, y ya usted en su negocio, habla con su programador para decirle cuáles han sido los puntos más débiles que debería reforzar para mejor la percepción que tienen los clientes de él, entre ellas podría estar quizás, la capacitación técnica, algún curso de trabajo en equipo, o que se esfuerce más en la puntualidad o en ser más proactivo. Lo que se quiere lograr a fin de cuentas, es que sus clientes estén totalmente conformes con el servicio prestado, e incluso puede incluir preguntas relacionadas a qué le pareció el precio que usted ofrece contra el de otras compañías de la competencia, a fin de recabar información con la que pueda tomar acciones y estar siempre a la vanguardia de lo que quieren sus clientes.

Este ejercicio, es algo que debe hacer regularmente con sus clientes, ya sea si es de tortas, subcontratación de programadores, fabricación de lápices o si presta servicio de fiestas. Siempre es necesario que tenga a la mano formatos que le permitan saber qué piensan sus clientes de sus servicios, para que pueda usted ajustarse en la medida de sus recursos y metas a lo que ellos esperan de usted.

Una buena práctica es que tenga impresos varios de estos formatos en su local y una caja de buzón de sugerencias y comentarios visible donde sus clientes puedan evaluar su servicio, y entrenar a su personal para que siempre que haya clientes nuevos, se les anime a evaluarlo y depositar sus comentarios.

Parecería asombroso que hay tantos negocios en el mercado que abren y nunca saben qué es lo que sus clientes piensan de ellos, y a pesar de esto luego se pregunten por qué el negocio no marcha bien.

Capítulo 6
Calidad = Procedimientos para Estandarizar los Servicios

Después de haber averiguado lo que quieren nuestros clientes en el capítulo anterior, el siguiente paso es ver qué podemos hacer nosotros para evaluar nuestra calidad. Ya habíamos mencionado que la calidad son las cualidades de un cierto producto o servicio, y para mejorarla, primero debemos poder medirla. Ya vimos que si medimos a través de los formatos las opiniones que tienen nuestros clientes de nuestro servicio, podemos formularnos qué tipo de servicio o calidad esperan nuestros clientes de lo que les ofrecemos. Ahora, ¿qué podemos hacer para que nuestros productos o servicios se apeguen a dicha calidad?

Bueno, esto es más fácil de explicar poniendo un ejemplo. Imagine que parte de lo que usted guisa en un restaurante es un puré de papa que lo ha hecho tan famoso que todo el mundo regresa a comer a su local debido al mismo, y es muy importante que su puré de papa siempre sepa igual. Sin embargo, usted tiene dos cocineros, y a uno le sale el puré mejor que al otro, y lo que los clientes esperan es que los purés, sin importar en qué horario vayan (asumiendo que un cocinero, el de la mañana, es el que hace el puré que a todos gusta) siempre sea el delicioso puré del que les han hablado.

La solución es relativamente simple: hay que estandarizar la forma en que se hace el puré. Hay que hacer un procedimiento, documentando cómo hace el puré el cocinero de la mañana, paso a paso, describiendo tiempos, temperaturas, método de cocción, ingredientes, y todo lo que pueda incluir para realizar de manera exactamente igual el famoso puré. Después, debe venir un periodo de entrenamiento al segundo cocinero, para que aprenda el proceso y pueda realizar la receta y elaboración de manera idéntica (o lo más exacta posible, vaya por Dios, son humanos, no máquinas de precisión milimétrica!) a como lo hace el cocinero de la mañana, a fin de que sin importar si sus clientes van a comer a su restaurante en las mañanas o en las tardes, obtengan el delicioso puré tan famoso que hace que busquen su restaurante, y tal vez consuman otras cosas, pero el puré ya cumplió su función: atraer más clientes.

Otro ejemplo podría ser que una compañía que contrata gente que desarrolla software, quiere que todos sus desarrolladores programen de manera similar, a fin de facilitar el mantenimiento a los programas liberados en el futuro. Para este propósito, realiza un procedimiento donde hace mención de otros documentos que se le proporcionan a cada desarrollador, explicando explícitamente los documentos que debe leer, en qué orden, y las obligaciones que tiene cada desarrollador de acuerdo a las políticas del negocio.

ACTIVIDAD	ACTIVIDADES A DESARROLLAR	RESPONSABLE
1. Lectura de políticas	El consultor a ser contratado por CEMEX para alguna asignación, deberá leer el primer día de su contratación, el documento de Estandares_ABAP.pdf, Estandares_Nomenclatura.pdf, Estandares_Objetos.pdf, Estandares_Ordenes_Transporte.pdf y Procedimiento_Implementacion.pdf, mismos que se le otorgarán por el personal de CEMEX para su lectura. Se aclara en este punto que todo esto es material CONFIDENCIAL, y de ninguna manera podrá ser distribuido a terceros sin consentimiento por escrito de CEMEX.	LIDER TI SAP ABAP CONSULTOR
2. Aceptación de políticas	Una vez leídos los documentos del paso 1, el CONSULTOR deberá firmar el acuerdo de aceptación de cumplimiento de políticas de desarrollo de CEMEX, de acuerdo al	CONSULTOR

ACTIVIDAD	ACTIVIDADES A DESARROLLAR	RESPONSABLE
	formato AP-FXE-001.doc.	
3. Inicio de desarrollo	Para iniciar un desarrollo, el programador debe recibir de parte del consultor funcional la Especificacion_Funcional.doc, donde se le indican los detalles del requerimiento a desarrollar, así como el documento SP_NOMBRE_GAP llenado con el script de pruebas para poder realizar pruebas unitarias.	FUNCIONAL CONSULTOR
4. Entrega de avances	Los avances a los desarrollos encomendados por CEMEX, se apegarán a los lineamientos del documento Procedimiento_Implementacion.pdf, y en los que se programará una junta semanal y/o mensual con el LIDER TI SAP ABAP. Se puede apoyar en el formato de avances QF-CR-001.xls, Analisis_de_Impacto.doc y en el formato de Reporte_Avances.doc.	CONSULTOR
5. Entrega de desarrollo	El CONSULTOR deberá notificar al LIDER TI SAP ABAP que concluyó su desarrollo vía correo electrónico, acompañado de un correo electrónico de aceptación adjunto en el documento de Script de Pruebas, y con las pantallas del desarrollo como	CONSULTOR

ACTIVIDAD	ACTIVIDADES A DESARROLLAR	RESPONSABLE
	evidencia en este mismo documento por parte del cliente interno de CEMEX que solicitó la aplicación, donde éste confirme con su VoBo que el desarrollo cumple lo que se solicitó en la especificación de requerimientos TI-04-001.xls.	
6. Entrega de documentación	El CONSULTOR deberá enviar vía correo electrónico al LIDER TI SAP ABAP toda la documentación relativa al desarrollo que se especifica en el punto 1 de este formato.	CONSULTOR
7. Liberación de desarrollo	El LIDER TI SAP ABAP revisará el estado del desarrollo del CONSULTOR de acuerdo a los estándares que se mencionan en el punto 1. En caso de que todo cumpla con las especificaciones del punto 2 del presente documento, enviará un correo al CONSULTOR con el VoBo de él, el subjefe de área y el jefe de área, donde se apruebe la liberación del desarrollo. En caso de que el desarrollo no cumpla con lo que se especificó en los requerimientos iniciales, se le enviará al CONSULTOR el formato QF-PR-001.xls, donde se especifican los puntos que deben ser corregidos para	LIDER TI SAP ABAP

ACTIVIDAD	ACTIVIDADES A DESARROLLAR	RESPONSABLE
	la liberación del desarrollo.	
8. Inconformidades	En caso que haya alguna inconformidad de parte del CONSULTOR, podrá expresarla enviando sus comentarios en el formato QF-IN-PROYECTO-001.xls, y será evaluada por el Jefe de la Subdirección de Tecnologías de Información.	LIDER TI SAP ABAP CONSULTOR JEFE SUBDIRECCION DE TI

Procedimiento de Estándares de Desarrollo.

Este procedimiento explica claramente lo que debe hacer el desarrollador, los documentos técnicos que explican cómo debe programar dentro de ciertos estándares y mejores prácticas, a quién se debe dirigir para presentar sus resultados y con qué formatos y documentos.

Todo este proceso asegura que sin importar cuántos desarrolladores se contraten, todos ellos sabrán de qué manera deben de trabajar y quién es el responsable de las actividades, así como la manera en que se manejarán diferencias y sanciones. Como se dice vulgarmente, hecha la regla se puede comenzar a jugar, para que no haya ambigüedades de ningún tipo, que todo mundo sepa lo que se espera de él, y si es necesario cambiar algo para mejorar, se cambia el documento en donde se mencionaba la manera de hacer las cosas, y se difunde con las personas responsables de su ejecución. Además, se firma un documento de aceptación de apego a dicho procedimiento por cada persona que va a trabajar con uno (bueno, el trabajador lo debe firmar y quedar el original en resguardo del contratante, y se le da una copia al empleado para que recuerde sus obligaciones y derechos), y se pueden incluir también cláusulas de confidencialidad de información y hacer tan elaborado y complejo nuestro procedimiento como sea necesario, a fin de homologar y estandarizar la operación y calidad del mismo.

Ahora, piense en un negocio de fiestas infantiles. Si lo que usted quiere es que sus clientes siempre reciban el mismo trato y servicio, habría que incluir en su procedimiento, una descripción paso a paso sobre las actividades que debe realizar la persona que atienda el salón, desde la limpieza de baños, cocina, mesas, sillas, podado del césped con cierta frecuencia, limpieza de todo el salón, verificar papel sanitario, saludar a la gente al llegar, facilitar su instalación en el salón al llegar, cuidado de la entrada y salida de infantes con algún adulto, pedir identificaciones, etcétera, pero al dejarlo por escrito e irlo practicando en cada fiesta, llega el momento en que se aprenden los empleados de memoria lo que tienen que realizar, y saben que esta es la manera en que usted va a evaluar el desempeño de ellos al atender a sus clientes. Dicho en otras palabras: saben las reglas del juego, y saben cuando se salen de las mismas y las sanciones que puede haber cuando no realizan alguna tarea o hacen algo fuera del procedimiento. Al final, lo que se logra al estandarizar las actividades, es la calidad en el servicio, pues siempre será el mismo en la medida en que practiquen el procedimiento, lo estudien y lo pongan en práctica.

A su vez, sus clientes percibirán esto, pues se darán cuenta desde el trato que les dan sus empleados, el saludo, la sonrisa (si usted especifica en su procedimiento que sus empleados siempre deben recibir a sus clientes con una sonrisa, y en su formato de percepción de la calidad agrega en la evaluación si el empleado recibió al cliente con una sonrisa, créame, tarde o temprano todos sus empleados van a sonreír a sus clientes con tal de que sus evaluaciones salgan más altas y puedan obtener también ingresos más altos en sus puestos).

Capítulo 7
KPI's –Indicadores Clave de Rendimiento

Hasta aquí hemos visto ya algunos temas que nos ayudaron a entender en dónde está nuestro negocio, en qué punto de la trayectoria que queremos recorrer para llegar a la meta que deseamos se encuentra. Sin embargo, aún hace falta que aprendamos algo más. Una herramienta que nos permita ver en qué dirección va nuestro negocio. Dicha herramienta, no es otra cosa que los KPI's, o Key Performance Indicators, o Indicadores Claves de Rendimiento, por sus siglas en inglés. Estos no son otra cosa que indicadores que en nuestro negocio miden el avance (o retroceso) de la consecución de ciertas metas u objetivos a lo largo del tiempo, y deberían de revisarse diariamente al comenzar el día de trabajo, para saber en qué punto se encuentra nuestro negocio y si vamos avanzando en la dirección que esperábamos en nuestro plan de trabajo y de acuerdo a nuestra estrategia, o si acaso nos estamos desviando, y descubrir la razón y tomar alguna decisión al respecto para volver a guiar las cosas en la dirección correcta.

Estos indicadores, son los que nos van a permitir controlar nuestro negocio aún cuando no estemos presentes en el mismo por estar atendiendo alguna otra nueva sucursal que abramos, o que cuando estemos de vacaciones podamos echar un vistazo y ver si efectivamente se está avanzando como creíamos. ¿Cuántas veces no ha oído (o le ha pasado, en caso de que no sea su primer negocio abierto) aquel dicho que "el que quiera tienda, que la atienda" o que "al ojo del amo, engorda el caballo", y sin embargo, no entiende como hay negocios que han proliferado no con solo una tienda donde ofrecen sus servicios, sino muchas, no sé, tal vez alguna rosticería de pollos que ve que existen 6 o 7 en su ciudad, o alguna pizzería que también ha tenido tanto éxito que ya son varias, y no se explica cómo es posible que el dueño pueda controlar todo?

Pues bien, el tener KPI's adecuados permite que uno pueda tener este control de su negocio. Así, tenemos que entender cómo generar un KPI que sea de interés para nuestro negocio. En el futuro podremos crear varios más o quitar algunos si vemos que no es realmente lo que necesitábamos, pero empecemos por describir cuál podría ser alguno de estos KPI's.

Digamos, que por alguna razón, tiene usted un negocio donde hay que vender y repartir pizza. De entrada, estaríamos hablando de dos posibles KPI's. Uno, que por cada llamada que se haga al negocio al número de venta de pizza por teléfono, debe haber al menos una venta. Entonces, podríamos hacer un KPI que se llame Porcentaje de Venta Diaria, en el que se registrarían el número de llamadas solicitando pizza a domicilio, y la cantidad de ventas realizadas por su personal que atiende el teléfono. Es decir, si en un día se recibieron 40 llamadas solicitando una pizza, lo ideal sería un KPI de venta diario de 100%, es decir 40 ventas de pizza por 40 llamadas solicitando una pizza. Claro, esto sería lo ideal, pero la realidad tal vez sea que usted solo venda 28 veces de esas 40 oportunidades que tuvo de vender, es decir, un KPI de venta diaria = 28 / 40, es decir, 70%. Si usted se enfoca después en ver las razones por las que la gente no le compró, podrían ser tan diversas como que la persona que contesta el teléfono no tiene entrenamiento de ventas, es tartamuda y la gente se desesperó, no le leyó todas las opciones de pizzas que venden a su posible cliente, fue grosero con el cliente, el servicio de la línea telefónica es tan malo que muchos no alcanzan a oír las opciones y se desesperan y cuelgan, los precios son mayores que los de la competencia, etcétera. Puede haber tantas razones que no acabaríamos en enumerarlas todas, pero su labor como gerente de su negocio, es averiguar la verdadera razón por la que la venta no se concluyó después de hacer la llamada, y tratar de poner una solución a dicha situación.

Por otro lado, una vez que se vayan encontrando los motivos por los cuales no se logró la venta, el indicador de venta debería de subir. Si usted realmente se aplica, tal vez pueda subir su 70% a un 75% en el mes, y cada mes, tratar de mejorar su KPI hasta llegar lo más cerca posible del 100%. Como mencionamos antes, si se puede medir, se puede mejorar.

Además, si usted habla con la gente de ventas y les dice que les va a pagar un sueldo fijo si llegan a una cierta meta de ventas, y una cantidad adicional si superan el KPI establecido, digamos, en un 5% (que en vez de que el KPI = 70% lleguen a un KPI = 75%), esto hace que la gente se motive a buscar aumentar las ventas porque saben que ganarán más si superan su meta. Además, les da la confianza de saber qué es lo que deben hacer para tener contento a su jefe (o para asegurarse un mejor sueldo). Esto enfoca a la gente y la dirige hacia donde usted quiere.

Habíamos mencionado dos KPI's hace unos momentos. En el caso de la pizzería, tenemos además que los repartidores de pizza podrían tener otro KPI llamado efectividad de reparto. ¿Qué queremos decir con esto? Si de las 40 llamadas que deberían ser ventas, se concretan 28 pedidos, lo ideal sería que los repartidores entreguen a los clientes los 28 pedidos vendidos, para que su KPI sea el 100% - 28 pedidos, 28 entregados. Obviamente, el mundo no es ideal, y pueden pasar muchas cosas para que no se entreguen todos los pedidos de pizza vendidos: que el cliente no haya querido pagar la pizza por algún motivo cuando la recibió, que se hayan equivocado en la cocina al surtir el pedido y cambiaran la pizza por una que no quería el cliente (y aquí podría surgir un indicador para el cocinero, como que cocine exactamente lo que le piden), que no haya encontrado el domicilio del cliente, que haya tenido un accidente al manejar (habría que supervisar la calidad del manejo del repartidor), o que su vehículo sufriera un desperfecto por falta de mantenimiento (y habría que incluir en su estrategia y plan de trabajo un plan de mantenimiento de vehículos). Al igual que con el KPI de ventas, habría que hacer un KPI de efectividad de reparto, y poner atención en las razones por las que no se logra el 100%. Para que usted tenga algo útil y provechoso en qué pasar su tiempo de gerente de negocio (claro, como si no tuviera ya muchas cosas en que ocuparse! Pero créame, dedicarle tiempo a resolver estos temas será algo muy útil y provechoso para su negocio), debe solicitar a su gente o hacer un procedimiento donde indique que cada vez que hagan una entrega, el repartidor debe llenar una bitácora al final del día con comentarios de si para cada pedido hecho se realizó la entrega, o comentar la razón por la que no se pudo entregar. Y de la misma manera que con el vendedor, manejar una parte de su sueldo como fijo, y otra variable en función de su efectividad de llegar a la meta que usted le ponga en su KPI de efectividad de reparto.

Y así por el estilo, poner KPI's para cada una de las diferentes funciones y posiciones de la gente que trabaja en su negocio, de manera que todos sepan qué deben hacer si quieren conseguir un aumento en su ingreso, porque así, aunque usted no esté presente en el negocio todo el tiempo (puede estar de vacaciones, o dividir su tiempo entre el negocio más maduro y otras sucursales recién abiertas a las que esté entrenando para que sigan todo su plan de trabajo, estrategia, etcétera), la gente siempre sabrá qué es lo que usted espera de ellos, y ellos pueden demostrarle con hechos (los reportes de ventas, sus indicadores de reparto o el KPI que usted les haya puesto), que ese mes merecen cierto pago por haber cumplido lo que usted propuso al inicio del mes o haber excedido la meta que usted puso. Claro, usted también deberá hacer cuentas de cuánto más gana usted en su negocio, para con esto ajustar qué tanto más puede pagar, no se le ocurra pagar a sus empleados más de lo que su utilidad le permite!

¡Ahh! Estoy mencionando el principio del mes. Sí, me faltaba decir que antes de comenzar a jugar, siempre es bueno poner primero las reglas del juego. Usted, como gerente, dueño o director de su negocio (incluso puede ser empleado, pero tiene interés en que su área crezca para que su jefe recompense sus resultado, ¿por qué no?)

debería al comenzar el mes, hablar con todos sus empleado y discutir cuáles van a ser sus KPI's, o las reglas con las que la empresa los va a medir, para que ellos sepan a qué tienen que aspirar, y motivar que apunten en esa dirección.

Una vez que usted implemente esta manera de trabajar en su negocio, todos van a estar hablando el mismo idioma: sabrán lo que tienen que vender, cocinar, repartir, dibujar, programar o cualesquiera que sea la actividad que les corresponda hacer, sabrán qué, cuánto y para cuándo tienen que hacer las cosas para recibir su retribución normal o adicional a la normal. Entonces, al trabajar de esta forma, ellos van a trabajar en la dirección correcta, la que usted planeó al crear su negocio.

Otro ejemplo de KPI's puede ser manejar un cierto rango de utilidades al mes, o de ventas, o de minimizar costos, o atraer una cierta cantidad de clientes. Solo es cuestión de analizar qué es lo que más le interesa a usted en un momento dado en el tiempo para su negocio. Los KPI's, en la medida que madura el negocio, pueden cambiar un poco, ya sea porque la estrategia cambia para hacer frente a los cambios del mercado, o porque como dueño del negocio decidió hacer algo más o algo menos. Puede haber múltiples razones, pero la responsabilidad de hacer los KPI's apropiados depende de usted como el dueño o gerente del negocio, pues es usted el que, al tener la misión y la visión del negocio, sabe hacia dónde quiere ir.

Otro tema, no menos importante, es la cantidad de KPI's que debe realizar para controlar su negocio. Normalmente, 4 o 5 suelen ser suficientes, y debe enfocarlos en los temas o procedimientos que hacen que su negocio genere dinero. Pueden ser más, pero no caiga en la tentación que he visto en algunas grandes compañías de querer "controlar" todo, y al final no controlan nada, pues he visto empresas que han hecho más de 100 KPI's y exigen un reporte diario de todo esto, y al final del día, no hay suficiente personal para analizar todo el volumen de información que arrojan, y por lo tanto, inmovilizan a la empresa haciéndola menos competente al no poder reaccionar rápidamente para atacar lo que pudieran ser las áreas de oportunidad que tienen, pues con tantos indicadores, no saben ya en cuál enfocarse para tomar acciones.

Yo sugiero enfocarse en los 5 procedimientos más importantes del negocio para hacer dinero, algo así como: meta de ventas, reducción de gastos, efectividad de reparto, satisfacción del cliente, rotación de personal, en fin, uno debe decidir y pensar cuáles son nuestras áreas más importantes, para enfocarse en ellas y dirigirse hacia el logro de nuestra misión y visión. Los KPI's son algo así como los instrumentos de navegación de un barco: le muestran si está yendo en la dirección correcta o si tiene desviaciones, y usted como su capitán puede tomar acciones para corregir estas desviaciones y llegar a buen puerto.

Con el objeto de apoyar al lector en poner por obra estas recomendaciones en su negocio, he puesto a su disposición una url en internet donde puede descargar algunos formatos útiles que se mencionan en este libro en los capítulos anteriores, yendo a la dirección http://bltmexico.com/ebook/FORMATOS_CCPN.zip, ya sea haciendo clic en la liga o copiando y pegando en su navegador la misma que aparece arriba.

Espero que lo que haya visto y aprendido con este pequeño libro, le sea de utilidad, y le deseo el mejor de los éxitos controlando y dirigiendo su negocio.

Gupton Brazile

Bibliografía

[1] - http://www.zonaeconomica.com/control

[2] - http://concepto.de/mision-y-vision/

[3] - http://eleconomista.com.mx/industrias/2015/02/18/solo-11-cada-100-nuevos-negocios-sobreviven-mexico

[4] - http://definicion.de/estrategia/

Otros títulos del autor:

Guía Rápida de SAP Archiving - ¡Aprenda los pasos principales para hacer un Archiving en SAP!

Líder SAP ABAP - Muestra indicadores que se pueden llevar para guiar a un equipo de desarrollo de Software en SAP ABAP

Más títulos del autor se pueden encontrar en:
http://www.lulu.com/spotlight/gupton_brazile

www.ingramcontent.com/pod-product-compliance
Lightning Source LLC
Chambersburg PA
CBHW072235170526
45158CB00002BA/902